JN440237

김복희 시집

바람을 품은 숲

문학사계

책머리에

겨우내 혹독한 추위를 이겨낸 나무들을 어루만지듯 봄비가 정겹게 내리고 있다. 대지를 촉촉이 적시는 봄비 덕분에 기지개를 켜며 일어서는 수목들처럼 나도 그렇게 솟고 싶어진다. 그동안 발표해온 시편들을 한데 모아 시집을 펴내는 차제에 봄비는 행운이요 축복이 아닐 수 없다. 천혜天惠를 힘입어서 속잎 움트는 나무처럼 나도 저렇게 기지개를 켜고 싶어지는 것도 생명과 사랑의 축복이 아니겠는가.

소녀시절에 간직했던 문학의 아련한 꿈을 놓지 못하고 오랜 시간 짝사랑해 온 나로서는 실로 대견한 일이라 하지 않을 수 없다. 허기진 영혼에 언어의 불꽃을 살리려고 나름대로 진력해 온 보람을 느낀다. 바람결에 흔들리는 그 불꽃을 온몸으로 끌어안고 살아온 시련이 복으로 환원한 셈이다. 글쓰기는 내 인생의 버팀목이 되어 주었기 때문에 이렇게 일어설 수 있었다.

슬픔도 외로움도 글을 쓰다보면 아름다운 앙금으로 변한다. 그 앙금이 때로는 진주 같은 시가 되기도 했다. 그래서 나는 용기를 얻게 되었고, 여기까지 달려오게 되었다. 앞으로는 더욱 따스한 체온과 숨결이 살아나는 시를 쓰고 싶다. 맑은 공기와 깨끗한 물이 흐르는 숲에서 아름다운 사물들을 만나 향기로운 글을 쓰고 싶다.

오랜 기다림 끝에 시집으로 결실을 맺을 수 있도록 뒤에서 밀어준 그이와 사랑하는 아이들에게도 고마움을 표한다. 그리고 언제나 정성을 다해 지도해 주시고 부족한 작품에 해설을 써주신 교수님께 마음 깊이 감사를 드린다. 아울러 같이 정을 나누는 시우들과 수고를 아끼지 않으신 출판관계자 여러분들께도 심심한 사의를 표한다.

2012년 봄의 길목에서

김복희

김복희 시집 | 차례

2부 겨울나무

3부 허물 벗기기

4부 소중한 날

1부 하늘을 보면

구름 위의 맑은 하늘을 보면
물 흐르듯
번뇌가 사라진다.

찌개를 끓이면서

외출하는 날은
숨어있는 아집을 송송 썰어넣고
쓰린 마음도 가지런히 다지면서
오만함에 착각까지 넣어 찌개를 끓입니다.

분노하지 않겠다고 다짐해보지만
시퍼런 삶에 대한 반발로
빳빳해진 고개를 숙이려고
설움을 곱게 말린 매운 정도 넣었습니다.

풍진세상을 살면서 견주기라도 하듯
벌겋게 끓어오른 찌개는
넘치기도 하고 졸기도하면서
허한 마음 달래주는 믿음으로 변해갑니다.

끈끈한 정이 녹아
서로를 감싸며 챙겨주고
심신 걱정도 해가면서
희망을 달이는 슬기의 꿈길입니다.

頭足類 戀歌

생각이 많은 머리에 발이 달린 까닭은
생각나면 붙들라는 말인가.

강화 외포리 횟집
바다가 보이는 창가에서
산 낙지를 먹는데
젓가락에 붙어 떨어지지 않는다.

참기름을 발라 입속으로 넣었더니
입천장에 달라붙어 떨어지지 않는다.

낙지는 왜 나를 좋아하는 것일까
바다를 좋아하는 나와
전생에 어떤 인연이었을까

바다와 뭍으로 헤어져
이루지 못한 사랑을 해보라는 것인가.

오, 나의 끈질긴 사랑
생각이 많은 머리에
발이 달린 까닭을 알 것 같아
우리는 소주로 원샷을 했다.

군자란君子蘭 2

혹독한 한파에
온천지가 꽁꽁 얼어도
죽은 듯이 견디고 있다가

문틈으로 들어온 봄이
겨울을 살짝 벗겨내자
우주의 합창에 화답을 한다.

오랜 침묵 속에서 자라난
환희의 꿈들, 가슴조이고
잠 못 이루던 날들을 삭히며

멍울진 상처가 터지듯
시원스레 푸른 숨결 내쉬며
봄의 교향악을 연주한다.

태양초

온몸을 불사르며
능내리에 따라온 태양이
고추밭을 후끈후끈 달구고 있다.

골진 고랑에서
풀들은 환호성을 지르며
쑥쑥 자라나는데
주체할 수 없는 정열
바알간 숫기로 일어서는 고추들

폭풍우에도 굴하지 않고
된서리에도 주눅 들지 않다가
들끓는 지열에 녹아
반지르르 매콤한 태양초를 만든다.

메주

노랗게 잘 삶아진 콩은
절구에 찧고 으깨어지면서
고달픈 삶이 시작됩니다.

처마 밑에 매달려 벌을 서는 맨살
햇살은 가여워서 어루만지고
바람은 모질게도 난도질을 해
터지고 갈라지는 힘겨운 나날

살기 위하여 어둠을 가르고
열병으로 새까맣게 타들어가도
잿빛우울 묵묵히 삭히어가며
아름다운 긍지로
푸른 열꽃 피워내는 조선의 여인

비우고 비워서 가벼워진 몸은
먼 산 그리움 침묵으로 채우며
천연향이 깊어지는 아늑한 독
풍신한 품속을 기다리고 있습니다.

도토리묵

시어머니께서
생전에 즐겨 드시던 도토리묵을 쑵니다.

과묵한 표정 대신
대견해 하실 미소를 생각하며 묵을 쑵니다.

침잠하는 앙금을 휘젓는 동안
뿌연 물결 속에 떠오르는 기억들

얽히고 설킨 그 앙금들 한데 어울리며
빙빙 돌다가 밀착되어가는 묵,
마침내 푹푹 꽈리가 잡히면서
방울이 터져 오릅니다
어머니의 "많이 먹으라" 는 말씀처럼.

전통을 다시 꿈꾸는 시대
어머니 곁에서 아늑하고 자애로웠던
그 쫀득쫀득한 맛
낙산사 보타전 향불처럼
山香으로 피어오릅니다.

빗방울

건반을 두드리듯
얼굴을 두드리며 은총이 내리네.

허공에서 바람의 선율을 타고
춤을 추다 유리창에 부딪치면
정신없이 흘러내리네.

세상에 대한 어긋남으로
터질 것만 같은 가슴 차오르다
굵어지고 무거워지는 분노

퍼붓지 않고는 견딜 수 없는
힘겨운 삶의 소용돌이에서
산산히 부서지는 몸부림

현실에 부딪히고 멍들면서도
바다로 향하는 슬기

꿈을 머금은 시간은 그렇게
얼굴을 두드리고
이정표를 두드리며 흘러서
바다로 가는 생멸生滅을 보이네.

하늘을 보면

하늘을 보면
구름 사이로 열린 샘
한가로운 마음과 놀게 된다.

욕망이 들끓어 위만 보던
그 희미한 눈빛도
청명한 하늘을 닮게 된다.

모든 게 끝이라는 생각에
잣나무 숲에서 어리석음을 좇지만
견고한 고독은 무너지지 않았다.

고뇌가 닥치면 잡으려하고
편안해지면 놓아버리는 심사

눈 뜨고 귀 열어
구름 위의 맑은 하늘을 보면
물 흐르듯 번뇌가 사라진다.

반지

어디서 잃었을까
나태한 정신이 흘린 언약을.

굴레를 벗어난
자유의 기쁨도 잠시
노랑나비가 장다리꽃에
앉으려는 순간

"나 여기 있어요."하며
빛을 내는 영혼을 보았다.

자식을 잃었다가 찾은 기쁨 같은
소중한 인연
아직도 나에게 머물고 있다.

민들레김치전

항암작용을 한다기에
뿌리째 뽑아 김치를 담갔다.

암팡진 성깔이
가슴을 후벼 파
작업을 시작하였다.

황사바람에 곤두박질쳐도
끈질긴 생명력으로
열심히 살아가면서

어느 곳이나
터 잡아 자리 잡고
씨방을 티우듯 떠서 전을 부쳤다.

골진 가슴을
부드럽게 다독이며
몸을 휘감는 감격
우리는 그렇게 한 몸이 되었다.

노변에서

연신내 버스 정류장 앞에서
야채를 펼쳐 놓고 쪽파를 까고 있는
등 굽은 할머니

목숨 자락 이끌고
작은 씨앗들을 거두어야 하기에
몸을 끌고 나선 자리,

갑자기 몰아닥친 꽃샘추위에
허기지는 텅 빈 가슴
헛헛한 하루는 저물어가고

아직도
팔려 가지 못해서 시들고 있는 푸성귀를
마른 나뭇가지 같은 손으로 뒤척이며
젖은 눈빛으로 어루만지는 노파 곁에서

어둠이 내려도
자리를 뜨지 못하는 노변에서
간절한 숨결들을
한 아름 보듬어 주었다.

장미의 부활

화분에서 정을 붙이지 못하기에
척박한 땅에 옮겨 심었다.

처음에는 낯설어하더니
모진 폭풍우에도 굽히지않고
목마름의 무게를 누르며
생명줄을 놓지 않는다.

휴식의 시간이 필요했을까
안간힘 속에서
늪으로 빨려드는 절망을 건져올려
가시로 돋우며
시린 가슴위에 붉게 피어났다.

기다림은 간절한 불꽃이되어
어지러운 잔상들을 태우고
가슴과 영혼까지 활활 태운다.

봄배추

텃밭에 애지중지 가꾼 배추들
거름이 부족한지
병충해도 약하고 더디게 자란다.

여리고 아삭아삭한 푸성귀는 아니더라도
속이 살짝 들었을 때 거두어야 했는데

여린 몸 심지가 꽉 차기를 바라는 마음에
하루하루 정성을 더 드리다가
폭삭 주저앉아 버렸다.

배추의 신음소리가 선잠을 깨울 때쯤
분수 밖의 바람을 잡지 못해
허망하게 비어져간 몸부림들

밑거름 제때에 주지 않고 등 떠밀어
진로를 바꾸고 과욕을 부리던 일들이
마음을 요란하게 채찍질한다.

내 작은 텃밭에 구멍 뚫린 배추들
굵은 빗방울이 쏟아지면
젖은 숨결 집착을 쓸어내린다.

소록도에서

푸른 바다 물빛이 서럽습니다.

물비늘 반짝반짝
갈매기들 끼룩대는 섬에서
그간 능멸당한 때를 씻습니다.

시름 따위는 사치로운 것
삶 자체가 부담스러운 것
일그러진 모습을 보며
목숨의 소중함을 배워갑니다.

땅만 파는 두더지의 삶으로
세상과 등진 채 고독을 씹으며
고향 가는 꿈을 꾸는 天刑 囚人들

솔바람 따라 가는 해안도로
노역으로 떨어진 손가락을 찾다가
칠흑 같은 한밤중
들개처럼 고향을 짖어댑니다.

벚꽃축제

답답한 가슴으로 윤중로에 왔다
밀고 밀리며,
벌떼같이 모여든 군중 속에서
사람에 취해 향기에 취해
둥둥 떠다녔다.

정겹게 터져 나오는
젊음의 함성 사이
달은 원만한 미소로
후회뿐인 삶의 무게를
잠시 내려 놓으라한다.

세상을 향해 소리치는 저 외침,
나도 한 때는
쉽게 타고 쉽게 꺼지는
갈등의 불을 안고 서있었지.

숨이 막히도록 황홀한 침묵이
닫혀있는 가슴을 활짝 열어
연처럼 높이 높이
나를 띄워주고 있었다.

日常

창을 뚫고 들어온 햇살이
먼지를 일으켜 세운다.

그대가 나에게 내가 그대에게
무심코 던진 말에
소음이 조금씩 쌓여가지만
마음이 흐린 날은 보이지 않는다.

햇빛을 주면 바뀔 거라는 착각에
부슬부슬 떨어지는 뼈있는 먼지들
한 가닥씩 얹어가고
촐싹거릴 때마다 날뛴다.

사랑이 목말라 고여 있는 침묵
상처를 안고 폭발하려할 때
먼지는 깃털로 유영한다.

어버이날에

물이 흐르듯
사랑은 내리 사랑,
받기만하고 드린 것이 없습니다

하늘 보면 구름이고
구름 보면 딸 생각
애절한 마음 분출하여 말씀이 많아질까
계절 바뀔 때 꽃놀이 가자하시면
가던 길 멈추게 될까

욕심을 채우느라 선뜻 나서지 못하고
아끼는 순간순간 머뭇거리던 날들.
저 멀리 출렁이는 바다를 보며
가슴에 한올한올 수를 놓습니다

편안한 안락의자 드릴 때까지
기다리지 못하는 윗대 윗대 어른들

이제사
보이지 않는 불빛 따라
들리지 않는 소리 따라
용미리 하늘을 찾아 나섭니다

잠회

천만년 살 것 같아 앞만 보고 달렸다.
높은 산을 오르다 숨이 헉헉 막히고
깊은 강을 건너다 허우적거리면서

본분을 망각한 끈질긴 도전은
몸에 열이 오르고 내리는
어눌한 반복의 나날
꿈과 현실 사이에서 생겨난 멍울이
서서히 아집으로 굳어갈 때

멍울이 아파하는 소리
귀담아 듣지 않아
가슴이 무너져 내려도
왜, 집착만은 놓지 못하는 것일까

버릴 수도 챙길 수도 없는
끝없는 생각의 미로
채찍이 살 속을 파고든다.

이 후회의 계절에.

마니산

나태해진 육신을 끌고
정기 받으려고 마니산을 올랐다.

제1생기처를 기점으로
1004계단을 가파르게 오르면
한 계단씩 오를 때마다
나를 다독이는 솔향기에
심신이 수련되어갔다.

단군이 제사를 지내던
신성한 참성단에서
숨 가쁘게 걸어온 길 돌아보며
잠자는 영혼을 흔들었다.

몸살

詩가 몸살을 앓는다.

뼈가 으스러지는 듯
뱃속의 조각들 요란스레
핏줄을 채찍처럼 후려치고
내장까지 비틀어 쥐어짠다.

신열을 일으키는 후회와 질책,
불꽃 속에서 색깔을 달리하며
지글거리고
천지를 뒤흔드는 순간처럼
머리를 지끈지끈 진동시킨다.

참고 견디어야 할
생의 어두운 터널을 지나
내 속에 남아있는
꿈다운 슬픔의 진액을 녹여
시 한편을 건져 올린다.

씀바귀꽃

우주의 숨결이
파릇파릇 돋아나면
햇살이 불러 모은 손들에
살이 뜯겨 나가도
독한 마음 삭이면서 다시 돋는 생명줄

천지를 뒤엎는 먹구름에도
온갖 세파 견뎌내고
마디마다
흔들리며 피는 꽃
벗은 영혼의 혼불이다.

그대는

그대는
감추고 싶은 비밀
뛰는 가슴, 무지개 꿈도
모두 수줍기만 합니다.

한자락 바람처럼
그대 곁에 달려가면
꿈의 문은 잠겨 있습니다.

언젠가는
싱그러운 푸르름 속
어딘가 숨어 있다가
얼굴 내미는 詩語들로
모닥불을 지피렵니다.

모과차

마음이 무거울 땐
창가에 앉아서
모과차를 마신다.

시큼하고 텁텁한 맛에
햇살 한 줌 넣으면
기쁨의 빛깔로 다가서는 훈김
나를 매혹시킨다.

못생긴 외모지만
황금빛 미소로
속내를 가득 채운 청정의 향

따뜻한 숨결은 목젖을 다독이고
믿음과 정이 새어 나오면서
부대끼는 속도 편안하게 한다.

제2인생의 시발

외손녀와 소통하고파
동화구연을 시작하였다.

전래동화에서 명작동화 현대동화까지
삶속의 인물들을
온몸으로 연기에 몰입하다보면
나이도 잊는다.

숨 막히는 숱한 번민의 밤을 지나
바늘구멍의 숨통을 뚫고
좌우로 흔들면서 키워온 꿈길.

이제, 손녀는 친구이고
학교에서 아이들과
구연으로 소통할 수 있게 되었으니
제2의 인생이 다시 시작되었다.

남산에서

잿빛 하늘 이고 선
산벚나무들 사이로
꽃잎 날려주더니
황금비를 무수히 뿌리네.

머리위에도 눕히고
어깨위에도 얹히다가
떠나는 세월의 바스락거림에도.

불꽃이 활활 타오르다
멈춰선 자리에
매캐한 냄새가 가슴에 스미고

보일듯한 기억의 숨소리
가뿐히 들리는
연분홍 입술 반짝이던 햇살
노을빛으로 황홀하게 다가서고 있네.

2부 겨울나무

끊임없이
미지의 세계를 열어가며
초연하게 때를 기다립니다.

겨울나무

마을 어귀에 서서
하늘의 바람을 품고
나지막한 숨소리로
기다림의 미덕을 배웁니다.

삶이 영글지 못해
입은 옷 다 벗은 채
맨살로 운명처럼 살지만

더 높은 세계를 꿈꾸며
모진 풍상에
팔이 잘리는 아픔을 겪어도
묵묵히 견뎌내는 당당한 모습,

인고의 시간을 끊임없이
미지의 세계를 열어가며
초연하게 때를 기다립니다.

고로쇠 물

한 방울 두 방울
자작나무에서
감로수가 내리네.

청정한 숲속
오롯한 숨결 한 모금에
천년을 꿈꾸는
눈빛도 맑아지네.

눈물을 뽑아내듯
수액을 채취해도
비운 마음 변함없이
뼈를 튼튼히
어루만지는 푸른 손
어머니 젖줄이라네.

畓十里

강화군 양도면 능내리에서
매실나무 몇 그루 사놓고
구릉지를 메운다.

세월도 삭아 녹았을까
버려진 논바닥에
푸르둥둥히 고인 물은
상처로 곪아간 마음 같다.

흙을 나르고 펴는 일
모두가 내 마음 같지 않아
고름을 빨아내듯 조금씩 조금씩
조심스레 품으며 간다.

유적지가 많은
역사의 고장에 둥지를 틀으려는데
텃새가 마구 쪼아 댄다.
속앓이는 긴 시간 보듬어야 하지만
그때가 언제쯤일까?

이 땅에 새살이 돋아나면

매실나무는 활짝 웃으며
탐스러운 사랑을 달아놓겠지!
그날을 위하여
마음의 십리 논을 고른다.

왕벚꽃

상왕산 소나무 숲길을 가쁘게 오르면
고즈넉한 개심사가 왕벚꽃에 묻혀 있다.

모두들 법당안에 들어설 생각은 하지 않고
꽃송이만 바라보다 사진 속에 담긴다.

소란스러운 마음을 잠재우려고
기꺼이 속세를 떠나온 비구니스님

꽃등을 달아놓은 듯 탐스러운 불꽃 앞에
양볼이 붉어지며 시린 기억 더듬는가.

법당에 다소곳이 번뇌를 털어내랴
눈결은 자꾸만 왕벚꽃에 머무르랴

허정의 달을 바라보다가
뜨거운 꽃 한 송이 꺾고야 말았다.

어머니 1

창백한 얼굴에
마른 몸 굽은 허리
부산히 움직이시는
당신을 본다.

욕실에서 넘어지셔 어깨뼈가 부러지고
젖가슴은 새까맣게 멍들었어도

누구라도 눈길만 주면
소녀처럼 연상 웃고
말참견하시는 행복한 치매
우리 어머니

소시 적 총명함은
어디로 가고
아들도 딸도 모르고
아픔도 맛도 모른다.

그러나
느낌은 아시는가
꼭 잡은 손
좀처럼 놓을 줄 모른다.

어머니 2

가슴이 찢기는 아픔으로
당신을 보내야하는
물안개 자욱한 여름 밤
보슬비가 내린다.

조용히 흐르는 빗물은
당신의 눈물인가

저리고 아팠던 겹겹의 세월
해맑은 미소는
방울방울 빈가지에 내려와
속절없이 눈물에 섞이다
가슴 터지도록
회오리바람을 맞는다.

그 아픈 영혼을 빠져나와
처절하게 생의 마감을 예감하기에
죽음보다 더 깊은 슬픔 되어
밤마다 뼛속을 파고든다.

어머니 3

어머니가 보고 싶을 땐
하늘을 봅니다.
하늘을 보면
인자하신 어머니 미소가 있습니다.

갑자기 불어온 바람결에
서둘러 몸을 사르며
뿌리는 고이 침묵 속에 묻고

꽃신 신고 오셔서
산새처럼 새근거리시다
함박눈처럼 포근히 잠드신 미소

그 온화한 빛은
솔잎사이를 하얗게 날아서
높이높이 떠오르는데

바람의 푸른 눈망울들
몸부림치며 목울음 울다가
어둠속에서도 잠들지 않는
파란 하늘의 미소를 봅니다.

노인정 풍경

흑백사진처럼
시간이 정지된 노인정
갈곳 없는 노인들이 옹기종기 모여앉아
온기가 그리워서 외로움 비비고 있다.

남루를 걸친 어둠이 내리면
모두들
피붙이도 없는 사람들처럼
얼룩진 세월을 말아 삼킨다.

쓰러지지 않으려고
무쪽 하나라도
그렇게 우물거리지만
먼 길 떠나면 슬픔인 것을.

노인은
캄캄한 이승 끝자락에서
함박웃음으로
저승의 맑은 하늘을 기다리고 있다.

곡예하는 소녀

봄날에
분홍빛 아지랑이 아른거린다.

친구와 놀고 싶을 때
어머니는 동생을 업혀 주셨다.

눈부신 햇살 아래
그의 야성은 시간의 끈을 잡고
거꾸로 팔랑거리며
허기진 날갯짓으로 꿈을 만든다.

마을 어귀를 스치는 동네사람들
입 딱 벌리고
동생은 등 뒤에서 환호한다.

어두운 세상에 작은 불꽃 하나
바람벽을 기어오르듯
꼬리를 살짝 올리고
따스한 입김으로 줄을 넘는다.

편지

—LA 친구에게

너를 그리는 마음은
날이 갈수록 가슴에 스민다.

함께 있을 땐 몰랐던 미소가
달빛이 녹아내리는 밤이면
종소리와 함께
긴 밤 뒤척이게 하는
그리움이 된단다.

어디서나 낯설지 않은
천성 때문에
만사에 빠져드는 너는
지금쯤 무얼 하며 지내는지
몹시 궁금하구나.

어서어서
바람같이 달려와
내 언 가슴 녹여 줄 날
별을 헤아리며 기다린다.

강가에서

간밤에는
당신의 그림자가 비추이더니
아침 햇살에 싹트는 내염內焰
가슴 설레게 합니다.

긴 세월 떨림으로 가슴에 불 지펴도
불꽃이 돋아나지 않는
기나긴 어둠입니다.

깊고 현란한 어둠 속에서
맨발로 선 채
혼불이 끝없이 해매이듯

여전히 솟구치며
돋아나는 꿈 멈출 줄 모르고
제 가슴에는 아직도
희망의 강이 흐릅니다.

군자란君子蘭

입춘이 지나자
연녹색 잎 사이로 대궁을 쏘옥 밀어 올린다.

따스한 봄볕이 살짝 간질이면
더는 참지 못해
까르르 웃음을 터뜨리기에
날마다 가까이에서 바라보았다.

간절한 기다림에 귀 기울여준
그 숨결 고귀하면서도 신비한 힘을 가지고
우아한 자태를 보인다.

눅눅한 겨울 이야기 송이마다
새소리 바람소리 개울물 소리
가슴 벅찬 환희를 선사한다.

파란열꽃

삶은 콩을 바구니에 넣고
이불을 덮어 놓았다.

취업원서를 내놓고 기다리는 심정으로
삼일을 기다렸다 열어보니
감기 몸살을 앓은 사람들처럼
콩들이 파란 열꽃을 피우고 있었다.

이웃사촌들은 도우며 살아야 한다고
일정한 온도로 무리 지으며
서로 떨어지지 않으려 접착 실을 만든다.

함께 아우르며 끈끈해진 정은
냉한 허물 밀어내고 편안하게
맑은 정기를 불어넣어
퀘퀘한 청국장이 입맛을 살린다.

노숙자

대학로에
납루한 사람들이 모여 있다
오후 다섯 시가 되어
'대학로 선교회' 봉고차가 찾아오고
봉사원 아줌마들이 앞으로 나서서
모두들 힘차게 손벽을 친다.

차들은 분수처럼 고함을 지르는데
소음 속 성경말씀 들리는 둥 마는 둥
한 줄을 따라 숟가락을 검어 쥐고
밥 한 주걱 국 한 국자 받아드는 노숙자들
여기 저기 널브러져 정신없이 먹는다.

몇 초의 행복을 보듬으며
하나 둘씩 떠나간 빈자리에
신문지 조각만이 나뒹구는데
바람이 거들어준 나뭇잎의 작별
한 사내는 긴 의자에 몸을 눕힌다.

아버지

해질녘
열 식구 등짐을 지고
들어서시던 아버지

휘청이는 허리잡고
때로는 막걸리 한 사발로
때로는 가락으로
목을 축이셨지만

가진 것이 없어도
남을 먼저 생각하라 시던
자혜로운 그 말씀
저의 가슴에 새겨집니다.

아버지의 무거운 짐을 모르고
투정부리던 철부지가
이제는 자식의 투정을 받습니다.

유난히
아버지를 많이 닮은 작은딸
해가 질 때면
당신의 노래 소리가 들려옵니다.

구화산※을 그리며

천안 성거산 보명사에서
철야기도하는 중
구화산이 나래 펴고 날아들었다.

석탑을 돌면서
가슴을 꾹 눌렀건만
빨래하는 빨래판에
하얀 거품으로 다시 일어난다.

가을바람에 가랑잎이 살랑거리듯
가슴에서 목으로 밤새 파동을 치다가
기침으로 튕겨 나오는 간절한 속삭임,
허공을 부둥켜안고 애원을 한다.

※ 九華山 - 중국의 불교성지 4대명산

고추꽃

장마 초부터 집중호우로
군데군데 부러진 가지들
온실의 화초처럼 사랑을 받았었는데
다시 소생하기는 힘들겠다.

곁에 있던 친구들이 우쭐대며
탐스러운 몸을 붉게 달굴 무렵
계속되는 태풍에 그들마저
탄저병에 썩어들어갔다.

전멸한 고추밭을 바라보는
쓰린 가슴 위에
은빛 햇살이 실낱같은 희망을 부르듯
흰나비가 손짓하며 부른다.

오랜 몸부림을 털어버리고
늦게나마 소임을 다 하고픈 생명꽃
가을 볕에 하얀 이를 드러내며
허허한 웃음을 웃고 있다.

누비이불

겟돈 제비뽑아서
혼수품을 장롱위에 얹어놓은 어머니.

손수 한땀한땀 수를 놓은 실오라기가
수십년 뒤척이는 동안
풀어지고 땀이 배어 젖은 낙엽처럼 되었네.

예쁘고 화려하여 눈이 부신 새것보다
찌든 생활 희생으로 품어주신
어머니 포근함에 눈물 쏟았네.

복사꽃 언니

차창 밖에는 마른 잎이 떨어져 내리고
지하철 속에서는 자매가 다정하게 이야기를 한다.

일사후퇴 때 나를 업고 얼음 강을 건넜고
초등 시절엔 소풍 따라와 곁에 있어 주던 언니.

복사꽃처럼 불그스레한 얼굴이
흰 달빛처럼 창백해져 갈 때

다정히 안아 업어주지 못하고 지나치는 동안
어느새 마른 잎 되어 땅속에 묻혀 버렸다.

낙엽이 지는 계절
가슴을 옥죄는 복사꽃이 서럽다.

논두렁길에서

논두렁을 지나
냉이꽃 피어 있는 들길을 걸으면
슬프게 떠나가신 어머니 바람이
서럽게 따라오곤 한다.

논두렁에서
쑥을 캐시던 당신의 온기가
아직도 일렁이고 있는데
논바닥에 두루미 한 마리
어머니처럼 먹이를 찾는다.

천둥소리 같은
하늘 갈라지는 울음 삼키시던
어머니, 어머니!

따스한 햇볕이 내려 쪼이는
그곳에 가면
날 부르던 당신 모습
찾아 볼 수 있을까.

회상

칠월이면 찾아드는 그림자
잔잔한 물결위에 내려놓고
호수 가에 서면
저녁 노을 붉게 물들고
외로움은 붉은 빛에 취해
한없이 흔들거린다.

높고 푸른 고향 언덕은
밤하늘 별 반짝이는데
점점 조여 오는 깊은 슬픔이
가슴 찌르던 날을 기억한다.

'나는 몰라 나는 몰라'
당신이 머물던 강가에
홀연히 피어 있는 망초꽃들
여물지 못한 그리움으로
물살이 출렁거리고 있다.

감자를 캐면서

아들과 함께 감자를 캔다.

아들은 줄기 밑에서부터
꼼꼼하게 호미질을 해나가는데
어두워지기 전에 집으로 돌아가려는 나는
위에서 부리나케 내려팠다.

호미질을 할 때마다
하나 둘 감자가 나오는 게 신기해서
자꾸만 허겁지겁 내려팠다.

주먹만한 감자 알갱이들
농사를 지어보지 못한 나로서는
마음이 뿌듯해서 힘차게 내려팠다.

세상에는
땅을 파면 팔수록 이렇게 신나게 나오는 것이
얼마든지 있을 거라고 생각하며
정신없이 캐는데
"엄마, 위에서부터 내려파시면 감자가 상처를 받잖아요"

아이의 안타까워하는 말을 듣기도 했다.

안개비

안개비가 살며시
나의 얼굴을 아주
보드랍게 만지면서 내린다.

원흥동 가시골 논두렁에는
개구리가 개골개골
목청껏 소리 내어 운다.

2년 전 이맘 때
생신 상 미리 자시고
영문도 모른 채 낯선 곳에서
석 달을 못 견디시다
영영 떠나가신 어머니

잠시 잊고 지냈는데
오늘 슬며시
"보고 싶었다 "하시며
내 얼굴 자꾸만 어루만지신다.

안개비에 살며시
어머니가 내리신다.

콩나물국

시루 밑에 짚을 깔고
불린 콩을 넣어
검은 보자기를 씌운다.

어둠 속에서 콩들이
서로 기대고 받혀주며
희망을 잃지 않고 견디듯

잠시도 멈출 수 없는 길 찾아
비좁은 방에서도 사이좋게
꿈을 키우며 자란다.

굳건히 자란 콩나물은
언제나 향수에 젖어
지혜의 샘을 만든다.

잔뿌리는 잔뿌리들끼리
위 안에 있는 마음에
딴 근심 없게 한다.

해장에 속 쓰린
술꾼들에게도……

깊은 사랑

어머니가 가슴을 후비고 갔다
썰물처럼 빠져나가면서.

휩쓸린 자리 아직 휭 한데
외환위기가 몰려와
동기간들 칼바람에 베이지나 않을까
새삼 걱정이 되었다.

치매에는 낯선 곳이 치명타인데
자식위해 어머니를 떠나보낸 아들의 머리카락을
움켜쥔 것은
당신도 그 이상 의미를 보여주신 것이리라.

꿈결에서 언제나 마음 비우라하셨지만
몇 년이 지나도록 아픈 기억 깊이 담아둔 일은
동기간보다 내 허물이 크다는 뜻
알지 못한 때문이다.

해를 보내면서 밀물이 밀려와
후벼진 가슴에 하얀 눈이 포근히
안기며 덮어져간다.

3부 허물 벗기기

긴 숨 도르르 말아 때를 밀면
스르르 밀려 나오는 삼독 오욕,
시기, 질투들이 벗겨져 나간다.

깻잎을 따면서

남편과 마주서서 깻잎을 땁니다.

잎을 따서 한장 한장 쌓아가는 동안
메마른 심사를 부드럽게 만들어
나비처럼 사뿐사뿐 오금리 하늘을
날아다니다 와서 앉곤 합니다.

힘겨워 같이 잡고 비틀거리고
넘어지다 다시 일어서며
벌레에 갉아 먹혀 구멍 뚫린 잎처럼
품이 좁아 포근히 안아주지 못했어도
서로 넓혀가는 二人三脚의 시간들.

이제는 드넓은 가슴
뜨거운 태양아래 피어난 잎들
풍성해진 깻잎 속에서
인생의 짙은 향기 묻어납니다.

민들레

초겨울 길가에 피어 있는
의지의 화신을 바라본다.

누가 뭐라 해도 이 지구성에
자자손손 퍼뜨리는 꿈을 꾸며
짓밟히면서도 다시 일어나
험난한 생존의 땅위에서
포기하지 않는 의지의 시를 바라본다.

들풀과 자연스레 어우러져
황달을 이겨내고 꽃을 피운
생명의 향기를 전하는 투혼의 삶
병후의 강인한 미소를 바라본다.

쑥떡을 찌면서

봄 향기 물씬 풍기는 오월
어머니 생각에 쑥떡을 찐다.

아스라한 어제의 아픔이
손톱 밑에 까맣게 멍들고 있다.

시루에 쌀가루와 쑥을 켜켜이 넣고
검 포도까지 듬성듬성 뿌렸다.

자제할 수 없는 슬픔이 분출할까봐
시루 본을 바르고 떡을 찐다.

오만과 자존이 무너져 내리고
까만 멍울들도 맛으로 산다.

세상에 물어 뜯겨 심란한 마음을
편안하게 안아주며 어루만진다.

쌉스름해도 당기는
어머니의 품 맛처럼……

백련

–배정희 시인을 그리며

애착을 쥔 손처럼
가냘프게 흔들리는 꽃잎을 본다.

그래도 희망을 품었었는데
연꽃 필 무렵 꽃잎 떨군다.

어릴 적 돌아가신 어머니를
다시 만나고 종일 울더니
이제는 딸을 남겨두고 갔구나

고요에 묻힌 침묵을 깨고
"언니 좀 어때" 하며 걱정해주던
연꽃 같은 마음이 잡히는데

강화 선원사 연꽃 밭에서
대궁을 쏘옥 밀어 올리는 모습
이승에서 다시 너를 만났다.

파리의 사랑고백

고단한 삶속에서
달콤한 휴식을 즐기는 순간
절묘하게 접근하며 작업을 한다.

잠들만하면 이마에
잠들만하면 발가락에

삭신은 쑤시는데
시린 듯 포근한 듯 눈은 감기고

꿈꾸듯 출렁이며 흘러가는 사연처럼
가물가물 주변을 맴돌다 가슴에 앉아서는

중얼중얼하다가
잘못했다하다가

'더 이상은 못 참겠다.'
살며시 덮치며 입술 핥는다.

겨울 노래

세상이 고르지 못하다고 날씨도 반칙을 한다.

텔레비전에서 올해는 온난화현상으로
전에 없이 따뜻하고 눈이 오지 않아
스키장도 울상이라는데
나는 제발 눈 오지 말라고 노래한다.

날씨가 몹시 추워 혼신이 쑤셔도
집터를 바라보면 힘이 절로 솟는다는 아들이
쌍 춘 년 겨울에 집을 짓고 있어
추워지거나 눈이 올 예정이라 하면
가슴에서 쾅쾅 교향곡이 들린다.

난생 처음
제 손으로 설계를 하고 집을 지으려면
상상도 못할 만큼 힘이 들지만
거세게 불어 닥칠 칼날 같은 바람에
마음까지 뚫릴지 몰라
한숨자락 구들장에 깔고
지붕을 올릴 때까지 겨울노래 부른다.

팽팽한 긴장
–일상

모기 한 마리가
설거지하는 다리의 피를 빤다.

몸이 부실한데
피까지 빼앗겼으니 아찔하다.

꾹 참으려는데
침 자욱이 아파 견딜 수가 없어서
파리채를 들고 모기 잡이에 나섰다.

모기는 나의 움직임에 촉각을 세우고
움직일 때마다 방향을 바꾼다.

모기와 나는 팽팽한 긴장감으로
긴 세월 그렇게 살아왔다.

설거지를 하는데
이번에는 팔을 문다

피부에 탄력을 주었다 다시

쪼글쪼글 해지는 다이어트처럼
오늘도 긴장을 늦추지 않는다.

촛불 기도

지장보살님 전에
어머니 위패 모시고 잔을 올립니다.

흔들리는 촛불 속에
환한 미소 띄우신 모습이 보입니다.

어머니, 그렇게 긴 밤 견디시다 외롭게 떠나시려고
자식 낳고, 연탄가스 중독 되셨다 깨어나시고
무속인이 살고 있는 앞집에서
치성 드린 음식 얻어다
칠남매의 주린 배를 채워주셨나요

시어머니께 효도 다 하려고
친정어머니께는 불효한 용기 없는 작은딸
이제 시어머니 고이 백일제까지 모시고 나니
힘이 없어 어머니 49제도 못해드린 죄업이
가슴에서 심장까지 휘저으며 파동을 칩니다.

이승에서 허기지셨던 당신의 속을
저의 한량없는 참회로 채워드리렵니다
부디, 무량 복락 누리시옵소서.

눈

–시어머니 생각

폭설이 온 세상을 하얗게 덮고 있다.

호랑이처럼 그렁그렁한 음성에 주눅이 들어
아파했던 기억들이 눈송이에 덮어간다.

고뇌하던 깊은 웅덩이
40년간 울고 웃던 얼룩들이 지워져가고

하얗게 쌓여가는 눈처럼 자식들을 덮어주시며
기저귀 석장도 못쓰고 떠나신 청결한 성품
당신의 긴 여행길이
햇살 아래 반짝반짝 빛나고 있다.

환청

외진 거리
찬바람이 나뭇잎을 떨어뜨리고
남은 몇 잎까지 떨구려 할 때
뒤에서 발자국소리 들리면
어둠은 적막 속에 자지러지며
가까워지는 소리만큼 몸을 내민다.

아무도 보이지 않아도
말소리 들리고
들리는 소리 찾아 주변을 서성거린다.
서성이다 벽에 부딪치면 고함지르며
엎치락뒤치락하는 애착과 집착.

언제부터일까
만나고 헤어지는 말 못할 사연
부끄러움은 계곡 눈 속에 묻히고
무언의 안타까움 빛을 찾아 헤매는
안개 속 혼불이 날아다닌다.

국화꽃처럼

대지를 껴안는 숨결이
뜨겁게 차오르는 벅찬 가슴

꽃집 앞에는 각색의 아이들이
사랑에 목말랐던 입을 벌리고
활짝 웃으며 환호한다.

욕심이 많아
무슨 일이든 부정을 하며
유혹의 말은 솔깃하고
뼈있는 말은 흘려보내면서
힘든 시간의 가시덤불속

메마른 가슴에
그리워도 찾아볼 수 없는
깊은 골짜기에서 잠자던 영혼이
단비에 살며시 고개를 들고
국화꽃처럼 웃고 있다.

속울음

종마목장 산책로
겨울비가 촌스럽게 걷는다.

마음속에서는 색색의 아픔
노래처럼 풀어내던 이파리들이
어느새 속울음까지 우는가보다.

숲속
잎 떠나보내며 쓸쓸히 서있는
너도밤나무들 사이 삐꼼한 햇살
시린 마음 간간히 덥혀주며
손을 어루만질 때 달려드는 바람

고난의 시간에 뿌리내리며
하늘 이고 선 소나무들
언제 왔는지 나를 반기며
정신없이 목을 어루만진다.

비로소
물먹은 하늘 새털구름자락
햇볕과 바람 더러는 눈물도 안고
가슴에 아픔까지 감싸 안는다.

삼일의 지옥

죄목을 모른 채
지옥에서 꿈을 꾼다.

뱀의 혀 날름대며
뼈가 타들어가고

숨을 쉴 수 없도록
산소가 부족해

세상에 허덕이다
하나 둘씩 죽어간 세포들
영혼이 보인다.

혼백이 흩어졌다
다시 모이고
산이 울더니 깨어났다.

올가미

흔들흔들하다가 울렁거리고
메슥거리다가 배가 똘똘 뭉치는
몸속에 도사린 비열한 아집
역마살이 끼어 계속 돌아다닌다.

집을 나설 때나 차속에서나
나를 얽어매지만
질곡 없는 삶이 어디 있으랴

죽을 것 같다가 살고
살 것 같다가 다시 죽어가는
길고긴 여정 속에 골 깊은 응어리

흔들림은 없어도 눈발들 알몸으로
벼랑에서 뛰어내려 사라질 때
雪野는 臥佛처럼 누워 있다.

솎음국

김장 무 씨를 뿌렸다

예쁘게 잘 자라고 있는
소복한 아이들을 뽑아
성기게 하였다.

뽑힌다는 것은,
설레임 뒤에 오는
기쁨이지만

내 손으로 씨 뿌려놓고
직접 추려내야 하는
안타까운
우주의 작은 숨결들.

밭에 누워있으면 생이 다하는
여린 싹들은 제 몸을 녹여
가슴 아린 내 속을
시원하게 풀어주고 있다.

단풍

발그레한 그 마음
가을 햇살에 더욱 곱게 빛이 나지만
몸속에 차오르는 아련한 눈물
지워지지 않는 점으로 박혀 있습니다.

느닷없이 불어온 바람결에
말없이 떠나신 어머니

애처러운 들국화 표정으로
내 안에 항상 머무시다가 불꽃 속에
특유한 향내를 피우곤 합니다.

저 멀리 고사목 사이 어둠이 내리면
산과 들에 떠돌던 붉은잎
생각위에 찍힌 발자국들
어머니 품속을 찾아갑니다.

보시

힘겨운 김장도 끝났고 해서
친구와 점심약속을 했다.

선이라도 보이듯
예쁜 무와 잘생긴 고구마를
깨끗이 씻어 챙겨 들고는
허겁지겁 버스에 올랐다.

손수 키운 식품을 안겨주면
기뻐할 친구의 모습이 눈에 선하여
차창 밖 낙엽은 떨어지는데
내 마음은 풍선처럼 하늘을 올라갔다.

약속 장소에서 친구를 기다리고 있는데
무언가 허전해서 손을 보니 빈손이다
아! 내보따리.

내가 놓아둔 보따리는
지금쯤
어느 식탁 위에서
추워 오그라진 가슴들을
보글보글 풀어주고 있을까

허물벗기기

한해의 끝자락에서
목욕탕 물에 몸을 담근다.

뜨거운 열기가 온 몸에 스밀 때
긴 숨 도르르 말아 때를 밀면
스르르 밀려나오는 삼독 오욕,
시기, 질투들이 벗겨져 나간다.

밀면 밀수록 밀려나오는 흉허물,
벗기고 벗겨도 떨어지지 않는
'나는 누구인가'
착하지도 않으면서 착한 척 살아온
가끔은
바람 빠진 풍선처럼 힘없이 내려앉아
문득문득 가슴이 죄여드는 나는 누구인가.

꽃이 되었다가 뱀이 되었다가
지옥과 천당을 넘나들다가
새해, 새 탄생을 위해
세차게 뻗쳐 나오는 맑은 물로
나를 벗기는 나는 누구인가.

겨울 안개

안개로 휘감긴 목장 언덕은
울엄니 나라인양 신비로웠다.

하늘이 내려앉은 치마폭에서
말울음 소리는 울엄니 노래 소리
떠나가신 길에 흐느끼고 있다.

좀 더 머물 수는 없었을까
그리움 재가 타는 울엄니 울음

안개 속에서 눈물이 묻어나
바람은 덜컹 덜컹 나를 흔들고
땅속에 묻혀진 숨결 흔들어
샛별 같이 가슴에서 반짝이고 있다.

김치를 담그며

김장하는 날은
적당히 화합하는 날이다.

미소와 평화를 송송 썰어 넣고
섭섭한 마음도 가지런히 다지면서
영혼의 교감까지 넣어 속을 만듭니다.

긴장하지 않으려고 다잡아 보지만
고성만 들어도 자지러지는 심장에
요동치는 박동을 달래보는
감사와 질책도 넣었습니다.

엄습해오는 강한 기운을 받아들이며
속이 차오른 절은 가슴에
매운 삶을 켜켜히 넣으면
부대끼며 안기며
코끝이 찡해지는 사랑으로 변해 갑니다.

가족을 지켜주는 깊은 정은
다복한 가정에 온정이 싹트고
원기를 북돋는 활력소가 되면서
행복의 꿈길을 열어 갑니다.

황태

대관령 중턱에서
코가 꿰어 매달린 채

모진 바람 맞아가며
젖은 마음 말리더니

탱탱한
뱃살은 없고
머리통과 눈알뿐,

지은 죄도 없건마는
사정없이 매를 맞고

갈기갈기 찢긴 가슴
참기름에 달달 볶여

가득한
푸른 상처를
참선으로 다스린다.

이별

식탁 위의 유리가
칼날이 되던 날

불쌍하신 치매 노인
극락왕생 빌었건만

그날에
질긴 목숨이
동아줄을 놓았네

어리석은 자식들
살아계실 때는 본체만체하고

가신 뒤 화려한 화환
무슨 소용 있으랴

어머니
떠나신 자리
별빛 가득하여라.

구절초

깊은 산속에서
구월 구일 날
구절초를 캐었다.

거친 세상살이 같은
쓰디쓴 인생의 맛을
구절초에서 배웠다.

고난 뒤에 오는 정은
냉한 속을 다스리는 마음
따뜻하고 편안하게 해준다.

하늘이 더 맑아 보이도록…

매화

엄동설한을 이기고도
고고한 자태를 보일 뿐
뽐내지 아니하네.

모진풍파 견뎌내고
절개를 바로세운
강인한 의지가 돋보이네.

4부 소중한 날

작은 봉오리 한 잎 겨우 펼치니
모두들 환호하며
축하의 미소를 보낸다.

만두를 빚으며

한해를 정갈하게
세상의 모든 잡생각을 송송 썰어
가장 슬펐던 마음도 다지고
아픔까지 짜서 소를 만듭니다.

비굴하지 않으려 다짐해도
항상 모자라 신뢰 받지 못한 외로움
고통의 숲에서 다시는 기억하고 싶지 않은
양심의 고물도 넣었습니다.

혼탁한 세상을 사노라 얇아진 거죽에
깊은 숨결이 보이면
반달모양 세월이 잡혀갑니다.

하늘공원처럼 정갈해진 만두가
소박한 꿈에 부풉니다.

겨울산을 오르면

겨울 산을 오르면
눈덮힌 산길에
묻혔던 의식이 살아난다.

들숨일 때는 힘든 순간을 머금고
날숨일 때는 근심 걱정을 털어내며
헝클어진 머리결을 헤치듯
숲길을 가다보면
세속의 잡념이 사라진다.

와룡산등성이에 오르면
아침 햇살이 번뇌를 넘어
잠든 내 영혼을 깨우며 다가와
모든 시름 잊게 한다.

소중한 날

2011년11월11일11시11분에
시 창작교실에서
작은 봉오리 한 잎 겨우 펼치니
모두들 환호하며
축하의 미소를 한 아름 안겨주었다.

스승님과 함께
詩友들과 함께
이 날을 가슴에 새기며
폭죽을 터뜨렸다.

식사도 함께
초코커피도 함께
다시는 오지 않을 소중한 시간을
마음껏 즐기며 소유하였다.

날개

아들이 카드를 만들어 주었다
"제가 결제해드릴게요"

물가 상승으로
쇠사슬에 묶인 듯
몸이 무거웠던 나는
날개가 생겼다

어깨위에 날개를 달고
푸른 하늘이나 어두운 지하 속까지
꿈을 찾아
어디든 갈 수가 있다

쌓였던 오물 씻기듯
마음이 트이는 자유
아들이 달아준
작은 날개여!

망각의 늪

원앙새처럼 살던 친구가
이 가을,
외기러기가 되어
시든 나뭇잎처럼
슬픔이 깊어 보인다.

힘들다고 투정 부리며
거칠게 굴 때
내 번뇌가 가득하여
그의 상처를 치유하지 못하고
망각의 늪에 빠져있었다.

힘들어하는 친구를 보면
선듯 다가서다가도
나에게 위기가 닥치면
내 몸 하나 지탱하지 못하는
소심함이 가슴을 친다.

한 모금의 훈기

공원 벤치에 앉아
커피를 마시면서
떨어지는 낙엽을 바라본다.

자판기 커피를 들고
나에게 다가온 사람은
세상 이야기에 능했다.

한 모금의 훈기 감도는
한 시간의 소중한 인연
얼었던 마음을 녹이고 있었다.

시어머니의 양산

시어머니가 떠나가신 후
말씀이 수놓인
옥색 양산이 벽장에서 나왔다.

교만이 목까지 차올랐을 때
호된 꾸지람으로
나를 돌아볼 수 있게 하셨고
그 따스한 손길에
꿈을 꿀 수 있도록
그늘이 되어주시곤 하셨다.

시어머니의 양산은
정서의 차양遮陽
볕을 가려주시고 비를 막아주셨다.

서분 하늘

입으로는 고맙다 하고
마음은 그 자리 머물면서
왜 한 발짝도 나가지 못하는 것일까

비운다는 것은 가시에 찔려도 보고
호되게 매도 맞아 보면서
가라앉은 앙금 휘휘 저으며
내가 커 왔음을 감사해야 하는 것

생각을 바꾸자
받을 것도 줄 것도 없는
연꽃 같은 마음으로
고운 달빛에 비추는 그리움
저문 하늘에 활짝 피도록

눈길

눈이 내리면
강아지도 기뻐 날뛰는 눈길을
그대와 거닐고 싶어진다.

여인의 옷깃 스치는 소리로
살며시 내리며
온 세상을 하얗게 만들고
검은 마음도 하얗게 씻어준다.

내 삶에도 한때는
비명을 지르던 순간이 있었으나
그러나 이제는
앙상한 나무도 가슴 시리게 아름답듯
신발이 폭 빠질 그런 눈길을
그이와 같이 가고 있다.

마음이 가난한 사람들

들녘에는 황금벌판이 펼쳐지고
나무마다 열매가 영글고 있는데
허기지고 배고픈 사람이 많다.

과욕을 부리다가 덫을 만들고
그 덫에 스스로 걸려 허우적거리는
마음이 허한 사람들.

틈이 생겼을 때 방심하지 말고
소리 나는 곳을 돌아보며
귀를 기울였다면 한기가 없을 텐데

가지고 있으면서도 적다고 생각하고
주고 싶어도 마음이 추워서 줄 수 없는
그런 사람들을 보면 가을이 더 깊다.

군자란君子蘭 3

여명이 밝아오듯
새순이 올라온다.

겨우내 닫혔던 창문을 열고
얼어붙은 마음도 녹이면서
깊어지는 뿌리에서
기지개 켜며 움트는 소리.

신비하게 솟아오른
맑은 정기
선잠 깨는 가슴
노란 숨결을 건져 올린다.

춘설

때 아닌 눈꽃으로
경칩이 운다.

사람의 마음처럼
포근한 이불처럼
백년 만에 처음 있는
경칩 날의 설경이다.

온 세상 별 천지
탐스러운 눈꽃
순백이 깔려있는 하얀 눈길

얼어붙은 속내
따사로운 손길에
그냥 무너지고 마는 설움
불꽃은 눈물이 된다.

낭만의 세월

고즈넉한 산골마을
흰구름 둥둥 떠 가는 우사 마당에는
산까치가 까악까악 울어대고
송아지는 음매애 어미를 찾는다.

뒷산의 진달래꽃 활짝 웃으며
생이 다져지지 못해 외롭고 힘겨워
고뇌하는 아낙네의 마음을 잡아 주네.

소들의 겨울나기를 위해
난생 처음
옥수수발을 매는 그을린 손,

낭만의 푸른 꿈을 안고
손톱 밑이 터지는 줄도 모른 채
젊음을 사르던 목장의 꿈도
흰구름처럼 흘러가고 있다.

풀꽃

폭우가 지나가자
자갈밭에 작은 풀꽃 하나 피었다.

비바람 속에서도
뜨거운 사랑을 나누고
기쁨의 빛깔로 환희를 꿈꾸는가

돌봐주는 이 없어도
물러남 없이
끈질긴 생명 하나 바람을 타고
그리움의 눈빛으로 피었다.

하얀 폿말

어두운 세상에 희망을 전하는
하얀 폿말을 바라본다.

월남에 파병 갔던 오빠가 보내온 상자에
사람의 마음을 사로잡는 묘기로
동네사람들이 소문 듣고 몰려와
마당부터 발 디딜 곳 없이 집안 가득
낯 모르는 사람들로 꽉 차여서
휴식과 위안을 함께하였다.

장남이
월남에 가면 혹시 돌아오지 않을까
가슴 졸이시는
부모님을 위한 보답이었다.

나라도 어렵고 가정도 어려워
절망에 사람들의 마음이 황폐화되었을 때
흑백 텔레비전만 남겨놓은 채
하얀 폿말로 남았다.

그이

문학기행을 나서는데
늦을 까봐 설거지를 해주더니
젖은 속옷들까지
가지런히 널어 주는 사람

손을 내밀 때는
그리도 못 본체 하더니
비가 오면
비를 함께 맞아주는 사람

마른 옷과 양말까지 챙기는
그이가
나의 가슴에
물안개 피어 오르게한다.

은행잎

창경궁 앞을 지나
의정부로 오는 동안
차창밖에는
온통 노란 세상이 펴지고 있다.

다리 저는 할머니를
붙들고 가는 할아버지
노란 잎 밟으며 가고

나는
엷은 햇살 받으며
노랑나비가 나는 모습을 보고
은행잎을 연상한다.

봄비

마른 대지 위에
보슬보슬 속삭이며 내리네.

긴 긴 겨울밤
외롭게 기다리며
그리움에 목말라하였는데

품에 꼭 안고
따뜻한 숨결 열어주시는
어머니 젖줄 내려 주시네.

허기진 내 물관 속에
투명한 사랑 가득
연민의 가슴으로 채워 주시네.

마라도 해녀

춥다춥다 하면서도
한 마리 인어처럼
오늘도 물질을 한다.

남편은 서른일곱에 먼 길 떠나
생계를 걸망에 짊어지고
4남매 키우느라 죽지도 못하고
바닷속 질주하며
모진 풍파 견디면서
오십년 세월을 살아왔는데

짝지어 뭍에 나간 자식들
소식이 없어
걸망을 옆에 두고 긴 목을 뺀 채
뱃고동 소리 나는
육지만 바라본다.

비둘기

도심의 노변에서
휴지처럼 널려 있다.

한 때는 평화를 상징하는
순후한 몸짓으로
시민들의 사랑을 받아 왔는데

나날이 번지는 공해로
쫓기는 새가되어
싸늘한 잿빛 털에 폐유가 묻었다.

욕된 허기를 메우려 하다가
차바퀴에 밟히는 풍진세상,
떨림의 순간에 비명을 들었다.

살풀이춤

수건이 하늘로 오르며
허공을 날고 있다.

나쁜 기운을 풀기 위해
희노애락을 담은 몸짓이
영혼으로 춤을 춘다.

떠난 사람의 성품에 따라
색과 폭이 다른 옷 입고
구부렸다 펴고 물이 들고 나듯이
수건에 혼을 부르는
영혼끼리 만나는 순간
긴 날개가 절규하고
애절하게 흐느낀다.

원 없는 기교로
신명나는 춤사위로 돌고 도는
외길 인생 이매방*,

정숙하고 잔잔하게
선녀같이 춤을 추는

하늘이 내려주신 춤꾼
오늘도 지게 춤으로
혼을 부르고 있다.

※ 이매방, 우봉 : 승무, 살풀이춤 중요무형문화재기능보유자 27호, 97호

세밑

세월의 뒤안길에
재래시장을 돌다가
좌판위에 놓인 가래떡을 본다.

김이 모락모락 나는 떡을
어머니가 머리에 이고 오셔서
맛있게 먹었던 이야기
철부지들의 쫄깃한 추억들
가득히 쌓인 그리움이 솟는다.

가난의 역경을 온정으로 따뜻하게
비좁은 방에서도 비벼대며 살아온
칠남매의 애틋한 바램.

곰삭은 김치 한 사발도 감사해하며
밥을 먹던 정감어린 기억의 조각들이
아스라이 입김처럼 번져와
이맘때가 되면 가슴 뭉클해지는
복사골 향수에 젖는다.

새해

불끈 솟는 햇덩이에
새 아침이 열린다.

해맑은 모습으로 하늘을 여는
오, 붉은 태양!
새 희망이 솟아오른다.

장엄하게 온 세상을 밝히는
강렬한 햇덩이에
가슴에도 새싹이 솟아오른다.

금강송

울진 소광리
깊고 험준한 산속에
학처럼 고귀한 자태를 뽐내는
관재송들이 서있다.

거센 바람에 흩날리며
나이테가 늘어갈수록
황장목은 끈질긴 생명력으로
한민족과 생로병사를 함께해온
숭고함을 보인다.

언제든 나라의 부름을 받으면
달려가는 푸른 기상들.

우람한 숨결 뿜어 나오는
청신한 수림들에
노랑 번호표가 붙어있어
죽어서도 천년의 영화를 이어가는
꿈을 꾸며 차례를 기다리고 있다.

작품해설 김복희 시집 『바람을 품은 숲』

측은지심과 구도의 자세

黃 松 文

詩人 • 선문대 명예교수

서양적 인간이 탐험과 개척으로 바람을 일으키는 성격을 띤다면 동양적 인간은 일정한 정처를 찾아 바람을 잠재우는 인간처럼 보인다. 동양의 인간은 언제나 정리반고情理反顧하는 인간이 아닌가 한다. 동양에서는 신을 인정하면서도 인간이 중심이 되고 본위가 된다. 神과는 '天人合一'이요, 자연과는 '調和一致'하고자 한다. 그래서 지천명을 알고 달관할 줄 안다. 때로는 '법열法悅'을 찾을 줄도 안다.

이러한 현상의 성격은 동양인이 성선性善의 인간관에 입각해서 인생관을 정립했기 때문이 아닌가 한다. 동양의 3대 사상 계통인 佛教 儒家 道家가 다 性善의 인간관을 가지고 있기 때문이 아닌가 한다. 불교의 구자狗子가 佛性을 가진다고 한 말이나 노자의 무위자연의 사상이 性善의 입장을 취하고 있음도 여기에 말미암음이라 하겠다.

김복희 시인의 시세계란 佛心은 물론, 맹자의 사단四端

중 측은지심과 공경지심에 연유한 것으로 보인다. 측은지심은 '인지단仁之端'이라 하거니와 공경지심은 '예지단禮之端'을 말한다. 그의 詩心 저변에는 '인지단'이라는 박애와 자비를 추구하는 면과 '예지단'이라는 공경심이 작용하고 있음을 보게 된다.

측은지심으로써 구도적 자세를 보이는 시로 「하늘을 보면」과 공경지심으로써 이웃에 깊은 관심을 가지고 손을 내미는 시 「노변에서」가 그것이다.

하늘을 보면
구름 사이로 열린 샘
한가로운 마음과 놀게 된다.

욕망이 들끓어 위만 보면
그 희미한 눈빛도
청명한 하늘을 담게 된다.

모든 게 끝이라는 생각에
잣나무 숲에서 어리석음을 쫓지만
견고한 고독은 무너지지 않았다.

고뇌가 닥치면 잡으려하고
편안해지면 놓아버리는 심사

눈 뜨고 귀 열어
구름 위의 맑은 하늘을 보면
물 흐르듯 번뇌가 사라진다.

-「하늘을 보면」 전문 -

여기에서는 불심에서 우러나오는 구도적 자세가 보인다. 김복희 시인은 이 시에서 지극히 편안하고 아름다운 세계를 희구하고 있다. 그것은 갈등이 없이 평화로운 안심입명安心立命의 경지를 말한다.

여기에서의 '하늘'은 단순한 the sky로서의 개념에 머무는 창공이 아니다. 그것은 지극히 높고 거룩하며 아름다운 이상세계로서의 소박한 현실적 극락을 말한다. 이는 불심이 충만한 채 합장한 자세의 여심, 종교적 내지는 구도적 자세를 말한다. 이러한 성격의 시는 「남산에서」와 「겨울나무」에서도 유사하게 나타난다.

잿빛 하늘 이고 선
산벚나무들 사이로
꽃잎 날려주더니
황금비를 무수히 뿌리네.

(…2, 3연 생략…)

보일 듯한 기억의 숨소리
가뿐히 들리는
연분홍 입술 반짝이던 햇살
노을빛으로 황홀하게 다가서고 있네.

– 「남산에서」 중 일부 –

마을 어귀에 서서
하늘의 바람을 품고
나지막한 숨소리로

기다림의 미덕을 배웁니다.

-「겨울나무」 중 첫 연 -

여기에서도 역시 '하늘'이 주종을 이루고 있다. 그리고 관심이 가는 시어는 '햇살'이다. 그 다음으로 관심이 가는 낱말은 '바람' '꽃잎' '불꽃' '노을빛' '기다림' '미덕' '꿈' '풍상' '인고' 등이다.

김복희 시인의 시에서는 미각과 후각을 자극하는 음식물들이 많이 나온다. 이러한 사물들은 원관념을 나타내기 위한 보조관념으로 나타낼 뿐 아니라 제목으로도 많이 차용되고 있다.「메주」라든지「도토리묵」「김치를 담그며」「쑥떡을 찌며」 등이 그것이다.

노랗게 잘 삶아진 콩은
절구에 찧고 으깨어지면서
고달픈 삶이 시작됩니다.

처마 밑에 매달려 벌을 서는 맨살
햇살은 가여워서 어루만지고
바람은 모질게도 난도질을 해
터지고 갈라지는 힘겨운 나날

살기 위하여 어둠을 가르고
열병으로 새까맣게 타들어가도
잿빛 우울 묵묵히 삭히어가며
아름다운 긍지로
푸른 열꽃 피워내는 조선의 여인

비우고 비워서 가벼워진 몸은
먼 산 그리움 침묵으로 채우며
천연향이 깊어지는 아늑한 독
풍신한 품속을 기다리고 있습니다.

－「메주」 전문 －

고난을 극복해 가는 삶의 과정이 메주의 썩는 현상으로 은유되고 있다. 메주라는 사물이 의인화되는 이 시는 시인 자신의 몸짓이면서도 동시에 전통적으로 내려온 조선 여인의 보편적 특성을 형상화한 작품이라 하겠다. 동류의 계열로 전통을 중시하는 시로서 「도토리묵」도 간과할 수 없다.

전통을 다시 꿈꾸는 시대
어머니 곁에서 아늑하고 자애로웠던
그 쫀득쫀득한 맛
낙산사 보타전 향불처럼
山香으로 피어오릅니다.

－「도토리묵」 중 결말부분 －

여기에서는 '도토리묵'이라는 미각 이미지를 '산향山香'이라는 후각 이미지로 끌어올리고 있다. 묵의 맛이라는 미각의 심상을 종교적 상상력을 통한 보조관념으로서의 '낙산사 보타전 향불'과 '山香'을 차용하여 승화시키고 있다. 이는 김복희 시인의 돈독한 불심에서 연유되는 것으로 보인다. 「김치를 담그며」도 이 계열에 속한다.

김장하는 날은
적당히 화해하는 날이다.

미소와 평화를 송송 썰어 넣고
섭섭한 마음도 가지런히 다지면서
영혼의 교감까지 넣어 속을 만듭니다.
－「김치를 담그며」 중 앞부분 －

여기에서는 김치 담그는 행위를 통해서 가정의 평화를 추구하고 있다. 김치라는 구체적 사물에 '미소'와 '평화'라는 관념어를 삽입하는 형식으로 되어 있다. 환언하자면 김치라는 가시적인 사물에 웃음이나 평화라는 비가시적 관념어를 삽입하는 형식을 취하고 있다. 여기에서 우리는 일상적 언어나 실용적인 언어의 차원에서는 말이 되지 않는 비일상적이요 비실용적인 언어에서 시적 효과를 발견하게 된다. 시문학, 시문예라고 하는 예술적 차원에서는 논리를 초월하고자 하는 어떤 '어쩐지' 의식이 내포된 초탈의 묘미를 갖기 때문이다.

오만과 자존이 무너져 내리고
까만 멍울들도 맛으로 산다.

세상에 물어 뜯겨 심란한 마음을
편안하게 안아주며 어루만진다.

쌉쓰름해도 당기는
어머니의 품 맛처럼……

– 「쑥떡을 찌며」 중 후반부 –

이 시 역시 앞의 시들과 동류로서 미각과 후각 이미지를 통한 모성 회복이라든지 자아성찰과 향토정서를 살려내고 있다. '봄 향기'나 '쌉쓰름해도' 등이 그것이다. 쑥떡을 찌는 동기는 어머니의 생각에서다. 어머니를 그리워하는 마음이 어머니가 하던 행동을 본받아서 쑥떡을 찌게 된다. 이것은 인간의 원초적인 모방본능에서 연유된다고 볼 수 있다.

구도적인 시는 의지를 중시하기 때문에 자칫 재미를 놓칠 수도 있다. 그러나 이 시인에게서는 가끔 재미있는 시도 보게 된다. 시 「태양초」의 경우가 그 좋은 실례가 될 것이다.

온몸을 불사르며
능내리에 따라온 태양이
고추밭을 후끈후끈 달구고 있다.

골진 고랑에서
풀들은 환호성을 지르며
쑥쑥 자라나는데
주체할 수 없는 정열
마알간 숫기로 일어서는 고추들

폭풍우에도 굴하지 않고

된서리에도 주눅 들지 않다가
들끓는 지열에 녹아
반지르르 매콤한 태양초를 만든다.
–「태양초」 전문 –

여기에서의 「태양초太陽草」란 햇볕에 말린 고추를 말한다. 그런데 이 고추는 남성의 성기를 상징한다. 고추밭이 후끈후끈 달구어지고 있다거나 풀들이 환호성을 지르기도 하며, 주체할 수 없는 정열이 일어나는 까닭은 '마알간 숫기로 일어서는 고추들'이라는 그 상징성에 의미군意味群이 모아지고 있다. 이러한 리비도는 마음 밑바닥에 자리 잡고 있는 근원적인 욕구이기 때문에 누구나 신선한 충격을 받게 된다.

천지를 뒤엎는 먹구름에도
온갖 세파 견뎌내고
마디마다
흔들리며 피는 꽃
벗은 영혼의 혼불이다.
–「씀바귀꽃」 중 후반부 –

투철한 의지의 발화다. 그것은 피어나는 '꽃'으로도 표현되고, 살아나는 '혼불'로도 표현된다. 어려운 환경을 극복하는 강한 의지가 내비치는 시라 하겠다. 사물을 바라보는 통찰력이 예리하고, 주제를 살리기 위해서 동원되는 제재를 취사선택하여 적재적소에 배치하는 조립능력이 돋보인다.

목숨 자락 이끌고
작은 씨앗들을 거두어야 하기에
몸을 끌고 나선 자리,

갑자기 몰아닥친 꽃샘추위에
허기지는 텅 빈 가슴
헛헛한 하루는 저물어가고

아직도
팔려가지 못해서 시들고 있는 푸성귀를
마른 나뭇가지 같은 손으로 뒤척이며
젖은 눈빛으로 어루만지는 노파 곁에서
－「노변에서」 중 일부 －

사물을 따뜻한 시선으로 응시하는 측은지심이 두드러진 작품이다. 등이 굽은 할머니가 난전에서 야채를 파는 정경을 마치 무비 카메라로 촬영을 하듯이 집중적으로 투시하여 보여주고 있다. 이러한 측은지심은 맹자의 사단四端 가운데 으뜸가는 덕목이라 하겠다. 이는 석가의 대자대비大慈大悲로 나타는가 하면, 예수의 박애사상博愛思想으로 심화 확대되기도 한다.

김복희 시인은 어둠이 내리는 노변에서 다리를 쓰지 못하는 처지에서도 후손들을 위해서 야채를 팔아보려는 노파의 숨결까지 귀담아 듣는 그 순후한 심정과 참

여의식을 시작품을 통해서 넌지시 내비치고 있다.

흑백사진처럼
시간이 정지된 노인정
갈 곳 없는 노인들이 옹기종기 모여앉아
온기가 그리워서 외로움을 비비고 있다.

남루를 걸친 어둠이 내리면
모두들
피붙이도 없는 사람들처럼
얼룩진 세월을 말아 삼킨다.

쓰러지지 않으려고
무쪽 하나라도
그렇게 우물거리지만
먼 길 떠나면 슬픔인 것을.

- 「노인정 풍경」 중 일부 -

몇 초의 행복을 보듬으며
하나 둘씩 떠나간 빈자리에
신문지 조각만이 나뒹구는데
바람이 거들어준 나뭇잎의 작별
한 사내는 긴 의지에 몸을 눕힌다.

- 「노숙자」 중 결말부분 -

이 시편들은 측은지심으로 차 있다. 앞에서 소개한 시 「노변에서」중 결말부분은 '어둠이 내려도/ 자리를 뜨지 못하는 노변에서/ 간절한 숨결들을/ 한 아름 보듬어주었다'로 매듭을 짓고 있다.

이 시집의 제호로 선정한 '바람을 품은 숲'에 있어서 '바람'은 남녀상열지사를 의미하는 '바람'이 아니라, 여기에서는 한 곳에 안전하게 정착하지 못한 측은지심의 대상이 되는 사람을 가리킨다. 그 구체적 실례는 「노변에서」도 볼 수 있다. 여기에서의 결말 부분은 이러한 바람의 특성을 명징하게 드러내고 있다. 바람을 품은 숲은 간절한 숨결들을 한 아름 보듬어주는 시인 자신을 의미하는 것으로 보인다. 이러한 측은지심의 시는 「노인정 풍경」이나 「노숙자」에서도 여실히 나타나 있다.

'바람을 품은 숲' 그것은 정처 없는 방랑자의 상처를 어루만져주고 보듬어 안아주는 김복희 시인 자신의 후덕한 자화상이라 하겠다. 합장한 불자의 구도의 자세가 손에 잡힐 듯하다.

김복희 시집 바람을 품은 숲

초판인쇄 2012년 5월 1일
초판발행 2012년 5월 2일
지 은 이 김복희
발 행 인 황송문
펴 낸 곳 문학사계
주　　소 서울특별시 영등포구 문래6가 56-1
미주프라자 B1 102호
전　　화 070-8845-9759
(010)2561-5773
팩　　스 (02)2676-9759
이 메 일 songmoon12@hanmail.net
등　　록 2005년 9월 20일
제318-2007-000001호

값 7,000원
ISBN 978-89-93768-22-0 03810

배포처 자유문고 (02)2637-8988